マンガでよく分かる!

ダダっ子しつけ3つのコツ

Shin Senshu
信 千秋

SOGO HOREI PUBLISHING CO., LTD

プロローグ

怒らないお母さん、になって子どもの優しい心を育てる

お母さんからの子育て相談で、「**子育てに迷いが多くなって、しつけ方がよく分からない**」というお話が2割を占めるようになりました。お母さんが言う「しつけ」とは、礼儀やマナーのお話がほとんどです。

しかし、子育てで本当に必要な「しつけ」とは、子どもが生きていくための**心の土台づくり**なのです。それを「**子育てしつけ**」と言います。

「子育てしつけ」で、子どもの優しい心や思いやり、かしこさ、健康を育むことができます。

礼儀やマナーにしても、お母さんから心の土台をきちんとつくってもらえた子は、大人が驚くほど、素直に受け入れてくれるようになるのです。

この本では、お母さんの愛情を上手に伝えながら「子育てしつけ」をするための、3つのポイントについて、マンガやイラストを交えながら楽しくお話ししていきます。

「子育てしつけ」は、1975年に私が『**子育て一一〇番**』という相談電話を開設して以来、お母さんたちにずっとお伝えしてきたことです。

『子育て一一〇番』には全国からたくさんの育児相談が寄せられ、2008年の段階の集計で、約3万7500件となりました。そのトラブルの大半が「子育てしつけ」で解決されてきました。

心の土台づくりをきちんと行えば、もうガミガミ怒って導かなくても、礼儀やマナーは子どもが自らの「やる気」で身につけてくれます。それが「子育てしつけ」の力なのです。

「子育てしつけ」の3つのポイントとお話ししましたが、それは次のようになります。

- **子どもの心を伸ばす「情調」のしつけ**
- **周りの人や物に優しい子になる「親和」のしつけ**
- **元気な体をつくれるようになる「体調」のしつけ**

この3つは、生きていく上でのすべての基盤になります。「子育てしつけ」でこの3つを育んであげると、子どもはぐんぐん伸びていくのです。

先日「子育てしつけ」を実行されたお母さんから、嬉しいお話が届きました。

「子育てに自信が出てきたので、もうひとり産んで育てたくなりました」というものです。このお母さんはとても楽しそうに子育てをしていました。

子育てはルールとコツさえ分かれば極端に深刻にならなくても、肩の力を抜きながら楽しくできるものなのです。

「子育てしつけ」の第一歩は、お母さんが楽しく子育てしながら子どもにたくさんの愛を伝えていく、ということです。

それを一番大切にしていきながら、子どもの心を伸ばしていきましょう。

ダダっ子しつけ3つのコツ／目次

chapter 2

お母さんの心で伝える「情調」のしつけ

chapter 3

優しい子になる「親和」のしつけ

chapter 4

ダダっ子に大切な「体調」のしつけ

イラスト・マンガ ● ハセチャコ
装丁・本文デザイン ● 八木美枝

chapter 1

素直な良い子になる「子育てしつけ」

お母さんの愛情としつけで
子どもはこんなに伸びる！

子育ては子どもの「心の充実」と「心身のしつけ」から始まります。もともと生命は楽しさ（快適さ）の追求から生まれたものですから、当然として子どもの命も心も楽しさを求めています。「子育てしつけ」は〝楽しく〟が基本です。

私がなぜ、わざわざ「子育てしつけ」と、「しつけ」の頭に「子育て」をつけるのかと言うと、世間で言われているしつけという言葉の使い方が本来の意味からほど遠くなってしまっているのを感じるからです。

お母さんたちからのご相談を聞いていると、しつけに対し少し気負って考えすぎている感じを受けることがあります。

皆さん真剣に悩みながら子育てに関するご相談をされます。お話を聞くと、「何の心配もありませんよ。気にすることなく笑って過ごしていてください」という内容が多いのです。

子育てはもっと気楽で良いのです。お母さんに余裕がないと、子どもにも余裕はなくなってしまいます。もっと肩の力を抜いて、子どもとのかかわりを楽しむだけで、子育ては十分成り立ちます。

この本では「しつけ」がテーマになっていますが、しつけと言っても私がお伝えしたいのは、礼儀作法や勉強に関することではありません。

もっと根本的な、子どもの「心の充実」と「心身のしつけ」を目的とした、「子育てしつけ」なのです。

この章では、「子育てしつけ」とはどんなものであるのかを、詳しくお伝えしていきたいと思います。

「子育てしつけ」には
3つのポイントがある

子どもの自立精神を促し、生き方を楽しく豊かにする行動の知恵を伝えるのが「子育てしつけ」です。

具体的な「子育てしつけ」の方法については、あとの章にてご紹介しますが、まずしつけの見分け方を知っていただきたいと思います。

「子育てしつけ」には3つの領域があることを知りましょう。

まず、子ども自身が自分の感情をコントロール（調整）できるようにする「情調」のしつけ。つぎに、周りの友達や人や物と良いかかわり合いができるための

「親和」のしつけ。そして、子どもが自分の体を整えられるようにする「体調」のしつけとなります。

情調のしつけ
ムキー
さっきまで…
情緒をコントロールできる
親和のしつけ
さっきはごめんね…
友達や周りの人や物と良いかかわり合いができる
体調のしつけ
自分でみがけるよ
自分の体を整えられるようになる

大事なのは、この3つはそれぞれしつけ方が違うということです。これが「子育てしつけ」の基本です。心を充実させる情緒安定のしつけは、楽しい触れ合いで伝えるのがコツです。また、親和や心身の体調のしつけは体感で伝えるのがコツになります。

「子育てしつけ」とは、子どもの情調と親和と体調を整えて、人としての基盤を形作ることですから、建築にたとえれば基礎工事の領域になります。

3歳までの周産期にこの基礎を見つめてもらえると子どもは、

- **知性と感性の豊かな子**
- **愛と優しさにあふれた子**
- **勇気と根性に満ちた子**
- **健康でやる気のある子**

に育つのです。そして、このように子どもを伸ばすことができるのは、ご両親、とりわけお母さんがその役割にもっとも適しています。

どれほど優れた教育者でも、この時期のお母さんの代わりはできないのです。だからこそ、お母さんには「子育てしつけ」を楽しみながら行って欲しいと感じます。すると、子どもにあなたの愛情が届いて、豊かな心をぐんぐん伸ばしていくのです。

ハル君は とっても良い子ね 大好きよ
ぎゅー
愛されている… 期待されている
自信
ムクムク
ムクムク
それからのハル君は…
ママー 雲がクジラに 見えるよー
ホントだー
はい ママ
カチャカチャ
ハル君ー!! ありがとー
ひとりで 着られたよ
すごーい
これ あげる
ありがとう

こんなイライラ毎日に
なっていませんか？

あるお母さんが私にこのようにおっしゃいました。

「私は3歳の息子に行儀作法を厳しくしつけています。靴も自分でそろえるように言っていますし、食事もこぼさず食べるようにいつも注意しています」

たしかに、行儀作法を伝えていくことは、「教育」としてとても大切なことです。しかし、これは「子育てしつけ」ではありません。

言葉遊びのように思えるかもしれませんが、この見極めは「子育てしつけ」にはとても大切なポイントなのです。この

違いをゴチャ混ぜにしてしまうと、毎日がイライラ子育てになってしまうからです。

なぜかと言うと、お母さんも子どもも、納得できていない毎日を送ることになるからです。

お母さんが行儀作法や学習をしつけだと捉えて、それを伝えていこうとしても、子どもはなかなかできません。それをイライラしても逆効果になってしまうのです。

私たち大人でも、何かのトレーニングをコーチされて、すぐに行動できたり、考えを変えることは非常に難しいものです。

生まれて3年しか経っていない子どもに行儀作法を教えていくことは、私たち大人が何もないところから海外の法律書を読む方法を習っているようなものです。しかもできなかったとき、その教師が落胆し、寂しそうにする。または、大声で怒鳴り、叩いたりする。そんな状況を納得できる人はいない

わけで、子どもも同じなのです。

そういったトレーニングは、子どもの情調と体調と親和が整える、「子育てしつけ」のあとに築かれていくものなのです。

この順番さえ間違えなければ、いざ子どもへ教育するとなったときに、お母さんがびっくりするほど伝わっていきますから、安心してくださいね。

まずは、子どもの「甘え」の欲求を満たしてあげることが何より大切です。

「甘やかしたら、わがままになってしまう」と心配になるかもしれませんが、「甘えさせ」は「甘やかし」とはまったく違うものです。

子どもは生まれた瞬間から、お母さんとの肌と肌の触れ合いによる「甘えさせ」を求めます。それを最優先にして、しつけを見つめていきましょう。

なぜ、肌と肌なのか？　その答えは、子どもの皮膚にあります。

少し難しくなりますが、つぎの節から、その仕組みをご紹介します。

心がすくすく育つ「体感子育て」

あなたは当然のこととして赤ちゃんを抱き、授乳してきたはずです。実はそのとき、子育てしつけでもっとも大切なポイントを行っていたのです。それは「皮膚の触れ合い」です。

胎児、新生児のうちは五官（耳、鼻、口、目、三半規管）がまだ完成されていないので、体でいちばん情報の受容能力が大きいのは皮膚です。

そのため、この時期は特に皮膚への刺激を最重要視しなくてはなりません。

お母さんの愛情も、子どもとの肌の触れ合いが、もっとも効果的に伝わります。

私はこの皮膚に刺激を送って育ててあげる方法を、「体感子育て」と呼んでいます。

人は生まれたばかりは、話すことも歩くこともできません。自然界のほかの動物よりも弱い存在です。生物学の理論であれば、人間はできれば4年間お母さんの胎内にいなければならないような生物です。しかし実際は脳が発達しすぎたために、10カ月という未熟出産をしなければならなくなりました。胎児期に全身を包み保護していた子宮から、未熟な成長のままに外の世界に出たわけですから、子どもの心は不安と恐れで怯えているのです。

だから、生まれたあとは体感子育てによって、皮膚で愛情を伝えていくことが子育てのコツなのです。

3歳までの体感子育てが成功すれば、子どもの心にもっとも必要な「意思」と「生存力」を育てられます。それが大きな免疫力となって、心の自立を早めるのです。「体感子育て」は自然の原則に合う子育てだからこそ、子どもの心を強くたくましく成長させるのでしょう。

人はいくつになっても、愛する人に甘えたい感情があるのが自然です。そのときどきの成長度に合わせて触れ合い方を変化させていくことが大切です。

子どもの感情の微妙な変化を知り、それに応じて子どもの希望している「甘え」の欲求を満たして、心のすれ違いをふせいでいきましょう。

馬の赤ちゃんは
生まれてすぐ立ち上がります
ヨロ
ヨロ
でも人間の赤ちゃんは・・・
おぎゃー
守ってあげるのはお母さん
たっぷり皮膚から愛情を伝えましょう

お母さんの愛は細胞レベルまで届く

子育てしつけの中でも皮膚に心地好い刺激をお母さんが与えて育てていく「体感子育て」が大切だとお話ししました。では、具体的に「体感子育て」では、一体皮膚の何に働きかけをしているのでしょうか？

答えは「細胞」です。私たちの体の細胞は全体の10パーセントが皮膚表面にあります。お母さんと子どもの皮膚の触れ合いは、皮膚細胞の「感性」に直接に働きかけ、細胞に良い記憶を蓄積していくために行うのです。

「細胞に記憶？」と驚かれる声が聞こえ

てきそうですが、細胞には記憶する力があります。

幼児期に水泳や自転車の乗り方を覚えると、成人してからも忘れることはありません。これは「体性感覚」を通して各細胞が状況を記憶し、意思を働かせているからです。

「体性感覚」とは、皮膚の表面から3ミリほど下にあり、刺激を受け取る組織のことです。名前を「パチニ小体」と言います。

刺激にも、温度や痛み、圧力などさまざまなものがありますが、それぞれ受け取る組織は違います。

中でも、「体感子育て」に大きな役割を果

たしているのが、このパチニ小体です。

パチニ小体は、快感刺激を専門に受け取る組織です。記憶を受け取ったあと、脊髄を通して小脳に送ります。小脳はその記憶を全身の細胞に再度送るのです。これが、体で感じて覚えるという体感になります。

細胞同士、意思を伝達し合って、コミュニケーションをとっているのです。細胞の良い記憶こそ、子どもの心を良い方向にしつける源泉となります。細胞の意思を尊重していくと、「情調」のしつけ（Chapter2にて詳しくお話しします）を受け入れる土台の強化ともなります。

「抱きしめ授乳」や「添い寝」、「抱っこ」に「おんぶ」といった優れた「子育てしつけ」で、各細胞の意思を大切にしていきましょう。そうすれば、細胞が成長していく環境は整えられ、その意思に強い生存力と免疫性を与えられるのです。

心はどうやって作られる?

あるお母さんは子育て相談中、「うちの子の陰気な性格は、きっと誰かさんの遺伝なんです」とおっしゃっていました。

よく「性格が遺伝される」、と言う人がいますが、性格は絶対に遺伝されません。性格は生まれてから、後天的に作られていくものなのです。

前節で細胞も記憶を持つ、というお話をしました。それによると、記憶が遺伝的に受け継がれるような気がしますが、それは個生体としての心とは違う領域になります。

子どもの個性として、今現れている

「感性」と「性格」、「情緒」といったこれらの心は、3歳までの周産期にほとんど作られます。

心を作る外部からの刺激の大半は周りにいる人間たちです。ですが、一番大きな影響力を与えるのが、お母さんです。お父さんももちろん影響力を持ちますが、子どもの心を方向づける決定的なものは、お母さんの力であることは間違いないのです。その理由は、妊娠中のときまでさかのぼります。

妊娠中、子どもの「体性感覚」がある全身の皮膚に、お母さんの子宮内膜が密着しています。これを「カップリング状態」と言います。これだけは、他の人が変わってすることはできません。

このカップリング状態は、子育てをする以上常に意識してほしいことです。子どもはお母さんとのカップリング状態がなくなってしまうと、心を伸ばすことができなくなるからです。出産後、赤ちゃんに授乳するときも、幼児期に抱いて添い寝をするときも、他の人では心の栄養不足になってしまいます。

抱きしめや添い寝、頬ずりやキスなどで、カップリング状態を作ることを大切にしていきましょう。

周産期の体感子育ての仕方で、子どもの心は大きく方向づけられるのです。

心を豊かに育てていくために、４歳まではお腹の中にいたときと同じように、いつもカップリング状態となり、肌で愛情を伝えていきましょう。

しつけを受け入れる「心の袋」作り

心は、「感性・性格・情緒」を入れてある袋のようなものです。この3つの要素はエネルギーです。

しつけの前に、エネルギーを入れる心の袋を大きくしてあげることが必要です。なぜなら、「情調」のしつけ、「体調」のしつけ、「親和」のしつけのどれを受けるにしても、子どもにとっては大きなエネルギー消耗につながるからです。

常にお母さんがエネルギー補給をして、心の袋を大きくしてあげることが大切です。心の袋が大きいほど、しつけは受け入れやすくなります。

感性のエネルギーが不足…
あー
バムバム
ミナちゃん どうしたのかな?
そっ…
きゅっ
性格のエネルギーが不足…
あそぼー
いや……
ささっ
明日はお友達と遊べるかな…
流しあいっこで元気に!!
情緒のエネルギーが不足…
ムシッ
ムシリ
あっほら ユウちゃん スズメさんだよ
の〜んびり…

「感性のエネルギー」が不足していると、感じる心が鈍くなったり、敏感すぎるようになり、日常的に癇癪《かんしゃく》を起こしやすくなります。赤ちゃんなら引きつけなどのピリピリとした行為をして、お母さんを悩ませます。

エネルギーの補給方法は、お母さんが子どもを育てるときの、優しい音声や振動の与え方で、子どもの心に愛を注ぎます。愛のこもった語りかけで、子どもの感性のエネルギーは補給されていきます。

「性格のエネルギー」不足はしぐさに現れます。友達や集団のつき合いを避け、内向的になります。お母さんにべったりとひっつき、人を避けるようになるのです。

エネルギーの補給は、お母さんが子どもと接触するとき、つながった動きの引き合う強さで補給される大きさが変わります。カップリング状態になることを意識して、子育てしていくことで補給されていきます。

そして「情緒のエネルギー」不足については、絶えず異常なクセなどが現れてくるので分かります。たとえば、頭を壁にぶつけたり、髪の毛を引き抜くといった自損の行為を繰り返したりしてしまいます。人の言うことに耳を貸さず、集中力が途切れ、絶えず歩き回るなど、どれかのアクションでエネルギー不足を訴えてくるでしょう。情緒不安定は病気ではありません。心の袋にあるエネルギーが足りなくなっているだけなのです。

補給方法は、お母さんが子どもと触れ合うときに、お母さん自身の情緒がどれほど安定しているか、これにつきます。そのときどきのお母さんの幸せ感が、子どもの心に転写されます。つながっているのです。だから、ご自身の情緒を安定させてあげることが、何より重要でしょう。難しいかもしれませんが、安心してください。このポイントに気づくだけでも、子どもへの影響は全然違ってきます。

「感性・性格・情緒」のエネルギーをバランスよく補給していくことが、心の袋作りにはとても大切です。

子どもの心を見守り、今どの要素のエネルギーが不足しているのかを見い出しましょう。

chapter

2

お母さんの心で伝える「情調」のしつけ

Q

どうすれば癇癪《かんしゃく》を起こさなくなるのでしょう?

「子育てしつけ」には3つの領域があります。「情調」と「体調」と「親和」です。この3つの領域を混ぜないように気をつけなくてはなりません。

とくに、「情調」のしつけと、「体調」・「親和」のしつけをはっきりと区別しましょう。

「体調」のしつけや「親和」のしつけは、実はある程度であれば、お母さんでなくても身近な方に協力してもらうことが可能です。

でも、「情調」のしつけに関し

ては、必ずお母さんが行うようにしましょう。

「情調」のしつけというのは子どもの心、つまり情緒の安定を目的として行うしつけです。もともと子どもの情緒は、本人の感性と性格のかかわり合いから生まれたものですが、これが日々の対人関係と環境の影響を受けて絶えず変化し、安定したり不安になったりしています。

あるお母さんからの相談にこんなお話がありました。

Q 3歳5カ月の長女がちょっと気に入らないことがあったり、お昼寝のあとなどいつも機嫌が悪く大泣きをして騒ぎます。下の子もいますので、ほうっておくと1時間くらいは平気で泣いています。本当に嫌になってしまいます。

子どもは情緒不安定になるとしぐさや動作に、心の状態が表われてきます。

たとえば、ワガママが顕著になる、癇癪《かんしゃく》を起こす、絶えず頭をかきむしる、すぐ目をパチパチさせる、頬がピクピクとなる、じっとできない、語りかけを聞かない、目線を合わせようとしない、人を無視してしまう、ひとつのことに執着する、などです。

この安定と不安定の波をできるだけ小さくし、情緒性のパニックを引き起こさないように安定させるのが「情調」のしつけなのです。

先ほどの相談の娘さんは不安を感じているために、情緒が不安定になっているのです。その不安が

引き起こされている要因は、「甘えの不足」からくる欲求不満です。

妹さんが生まれたことにより、お母さんの愛情が薄れたのでは、と不安を感じています。

私は、「子どもをぎゅーっと抱きしめながら、『○○ちゃんのここが大好きよ』と、子どもの指や耳、口など好きなところを見つけて伝えると安心しますよ」とアドバイスしました。実践してみたところ、数日でおっしゃっていた癇癪が見られなくなったそうです。

お母さんが原因を理解して愛を与えるのが、子どもの不安解消には最適です。そうすることで、この不安定の波はだんだん小さくなっていきます。それが情緒の安定を永続させるしつけになるのです。

ママが病院から帰ってきました―
ただいまー
あっママだ
ほら、カナちゃんの妹よー!!
すやすや
赤ちゃん…
ママー、ご本よんでー
おぎゃー
ちょっと待ってねー
よしっよし
ママーあのねー
ごめんねー後でねー
ハッ
赤ちゃんなんてキライ…
ポツン…
カナちゃんの大きくてきれいな目、ママ大好きよ
いそがしくてごめんね…
ぎゅっ
カナのことキライになったんじゃないんだ!
それからのカナちゃんは…
はい、ネンネお姉ちゃんがそばにいるからねー
よしよし

Q

普通食を食べるように
なったのに、
いまだにおっぱいを欲しがって
ねだります。
どうしてなのでしょうか？

卵子と精子が出会う受精の瞬間。卵子は精子が出す音の振動を感じて動き出します。二人は振動がなければ出会わないのです。

命の始まりは振動の合図からでした。命は成長する間絶えずこのような音や刺激を待っているのです。お母さんが子どもを愛し育てるとは、子どもの命が求めている振動を与えるということでもあるのです。

振動に必ず必要な条件は「愛」です。愛がなければ受け入れません。愛を持つ声や振動は、命と心を育むのに大切な栄養素なのです。とくに3歳まではこの栄養をたくさん与えてあげてください。

お母さんの中には、幼児との触れ合いにも恥ずかしがって「アイ・ラブ・ユー（I love you.）」という言葉を使わない方がいます。このような愛のこもった言葉は、子どもにジャンジャン使いましょう！

妊娠中、胎児への働きかけには、愛を持った語りかけを行っていたはずです。妊娠12週ごろは「チビちゃん」などといった愛称で話しかけたり、振動で交流することでお母さんは胎児への愛を伝えてきましたね。

また、赤ちゃんを抱いて授乳するとき、赤ちゃんはつぶらな瞳でお母さんを見つめ「あぶ、あぶ」と喃語《なんご》で話しかけてきます。これは、お母さんへの愛を伝えているのです。お母さんもそれに「かわいい○○ちゃん、たくさん飲んでえらいねー」と話しかけますね。

これこそ、「情調」のしつけです。「情調」のしつけは「子育てしつけ」の中でももっとも早く始めるものです。

以前、こんな相談がありました。

Q 1才9カ月の息子のことで相談します。普通食を食べ出して1年以上になるのに、いまだにおっぱいを欲しがってねだります。夜も乳首を含ませないと泣きわめいて寝ません。いろいろな断乳も失敗しました。

断乳という目標にお母さんが夢中になりすぎて、子どもに甘えの欲求不満が出ています。断乳という概念を捨て、「離乳」と思うことから始めます。

断乳はお母さんが「そろそろおっぱいはやめさせよう」と考えるものです。離乳はごく自然に子どもが離れていくものなのです。

この子は普通食を食べているのですから、お腹がすいておっぱいを飲みたいわけではありませんね。つまりお母さんとの触れ合いを求めているだけなのです。赤ちゃんのときのようにおっぱいを含ませながら、優しく語りかけてあげれば、子どもは成長していく自信を取り戻していきます。

この優しい語り合いを「ラブ・トーク（Love talk）」と呼びます。これは、とても効果的な「情調」のしつけです。

乳児期や幼児期は抱きしめといった「体感子育て」に加えて、このラブ・トークを多く活用すれば、子どもは自分自身で情緒を安定させる方法を覚えていくのです。

普段は離乳食を食べているのに…
パクパク
夜になると…
あ〜んあ〜ん おっぱい〜
え〜、おっぱい〜? なんで〜?
おなかすいてないでしょ
…そっか!! 私との触れ合いを求めているんだ!
ぐずぐず
あああ
ハーイ おっぱいね
よいしょ
めくり
ユウ君大好きよ
おやすみー
トントン
LOVE TALK

子どもの心の振動数に耳をあてる

「情調」のしつけで必要な振動は、「感動」を与える振動です。「感動」とはテレビや映画を観て感動しました、といったものとはまったく意味合いが違います。脳が感じる感動という感情ではなく、現実に皮膚に起こっている振動をさします。

人の皮膚はたえず振動しています。心が興奮しているときと、落ち着いているときとでは、振動数が大きく変化していることが分かっています。

怒っていると
もー
皮膚
ガン
ガン
振動数が上がります
落ち着いていると
ゆったりとした振動数に
お母さんの振動は子どもに伝わります

すべての振動には同調するものと、非同調するものとがありますが、「情調」のしつけで大切な皮膚の振動は、当然同調するものでなくては効果が半減してしまいます。

お母さんが子どもに振動を伝える場合、その振動が子どもの心の振動と同調したとき、最良の感動を与えられるということです。

子どもの情緒もたえず安定期と不安定期に揺れ動いて波がありま す。その振動の幅が振動数となり

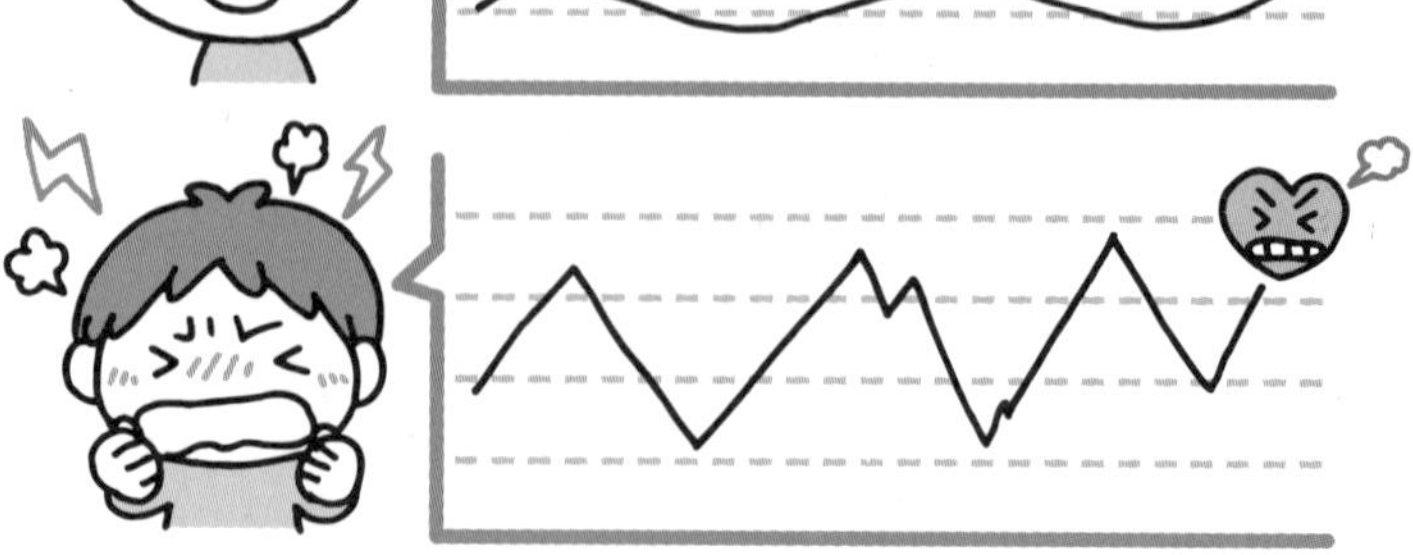

ます。安定期にはお母さんが楽しく積極的に「情調」のしつけを進めても同調しますが、不安定期には同じやり方では反発されて同調しません。このときはお母さんも慎重にして、消極的なしつけを行ったほうが、同調するということです。

子どものこの波を素直に見ると、何にでも積極的に動き、楽しく明るい顔をしているときは安定期。安定期にはどんどん「情調」のしつけを進めましょう。感動もよく伝わるからです。

しかし、元気がなく落ち込んで、暗い顔をしているときには不安定期だと思いましょう。

たとえば、幼稚園で友達とケンカしてしまい、落ち込んで帰って来た子どもに、「何でそんな風に言ったの？　バカだねぇ。相手も悪いんだから、悩んでもしようがない。元気出しなさいよ」と言ってしまっては、非同調の受け方で、とても元気など出てくるはずはありません。

そういうときには「そうなの、お母さんもお友達とケンカしたことあったなぁ。悲しかった」と、同じ気持ちを共有するだけで同調の振動となり、子どもの心に感動を生み出します。

そのあと、子どもの心の方向を替えたいときには、「でもね、きちんと謝ったら、そのあとはもっと仲良しになれたよ。だから大丈夫だよ。明日、きちんとお話しできるかな？」と「情調」のしつけをするのです。

コウちゃんとシンジ君が
ケンカをしてしまいました——
コウちゃんのおうち
シンジ君がぼくの砂のお山こわしたのだから…
大キライ!!
…って言っちゃったの
しょぼん……
シンジ君口きいてくれないの…
え～
そんなこと言ったのぉ？ バカねぇー まぁ、シンジ君も悪いんだし、しようがないわよ
あ、あれ？
どずーん…
シンジ君のおうち
そっか… コウちゃんと… ママもね、お友達とケンカしたことあったよ…
悲しかった…
ママ、それでどうしたの?!
きちんと謝ったらもっと仲良くなったよ
明日、コウちゃんにごめんなさいって言えるかな？
コクン
うん

Q

いつもボーっとしていて、
娘の集中力のなさが気になります。

妊娠12週、お腹の中の赤ちゃんは羊水の中にプカプカ浮かんでご機嫌です。そのうち突然、音が聞こえ出します。聴覚が活躍を始めたのですね。

初めて聞く声は、お母さんの声です。お母さんの声の優しい振動、イライラする怒り声の振動。すべては胎児の心に直接届きます。胎児はいつも心穏やかな振動の中に暮らしているわけですから、同調するのはお母さんの優しい声の振動だけです。

3つの領域がある「子育てしつけ」ですが、中でもこの「情調」のしつけに関

しては、子どもが自分の情緒を安定させるようにコントロールする力を育むためのしつけなので、他の人には振動の同調が難しいのです。

細胞生理学的にも、お母さんと子どもの細胞は振動数が類似しています。そのため、お母さんの声の振動は、子どもの心の振動と同調しやすいのです。だから、お母さんの喜びや楽しさは直接子どもの心に感動として伝わります。同様に、お母さんの悲しみや腹立ちも、直接的に子どもの心に怒り、悲しみとして伝わります。

その場合は、「情調」のしつけとは逆の悪影響を与えます。つまり自制力を弱めていくことになるのです。

相談にはこのようなものがありました。

Q **4歳2カ月の娘についてです。最近集中力のなさにイラつきを感じています。食事中も上の空で、主人がテレビを見ているとそっちば**

かり気になって手も口も動きません。食事を工夫したり、テレビを消したりしてみましたが進歩もなく、こちらもイライラしてしまいます。私は怒り、娘は泣き、手を出してくるようになりました。親子関係は悪化するばかりです。

お母さんとお子さんで、情緒不安定というボールを投げ合いっこしてしまっています。こういったケースの場合、子どものアラ探しをやめて、可愛いところや、好きなところを見つけ出すことが大切です。そして、抱きしめながらそれをお母さんが伝えてあげるだけで、集中力は戻ります。なぜなら、やっているうちにお母さんの情緒も安定してくるからです。すると子どもも同調します。

自然界でも、母ネコが仔ネコをあやすとき、ノドをゴロゴロならしたり、おっぱいを飲ませるときには、ニャ〜ンニャ〜ンと鳴いたりします。これは感動の振動を仔ネコに与えている「情調」のしつけです。

お母さんと子どもの振動が一番同調するときは「お母さんが優しいとき」という、自然界のルールを見事に伝えているのものです。種の保存のために、母親が子どもをしつけやすくした法則なのでしょう。

「子育てしつけ」をいくら厳しくしても、子どもにまったく伝わらないのは、それが不自然で同調しないから、とも言えるのです。

感動の振動は肌で伝えよう

これは、昔、実際にあったお話です。

北陸の奥地に優れた猟師がいました。真冬のある日、猟の帰り道にチビの仔ダヌキに出会ったので、「まあ、何も捕れないより良いか」と、仔ダヌキを捕まえて納屋の柱にくくりつけて休みました。

夜中に物音でふと目を覚まし納屋をのぞくと、仔ダヌキに何か取りついています。銃をかまえてよく見ると、どうも母ダヌキらしいのが、囲炉裏《いろり》の残り火に手をかざし、その手を、冷え切っている仔ダヌキの体に当てて温めていました。

そのあと仔ダヌキを解き放した猟師は、

以来仕事をやめたそうです。

皮膚を通しての感動は、心に大きな刺激と影響を与えます。「情調」のしつけで感動を伝えると子どもは決して忘れないものです。これは人だけでなく、生き物すべてに共通する自然界のルールです。

コウちゃんが
一番
大好きよ
と、言葉で
聞かすより…
肌をふれ合い抱きしめるほうが――
ぎゅ
ぼくは
愛されている！
子どもは100倍感動します

愛情を伝えるのも、お母さんが子どもの耳に「あなたが一番大好きよ」と言葉で聞かせるより、肌を触れ合い抱きしめ、子どもの肌に聞かせるようにすると、子どもは100倍感動します。

お母さんが見たり聞いたりした内容で良いものがあったときなども、実際に実行して子どもの肌に伝えましょう。

もうひとつ、私が敬愛する先輩の話をしたいと思います。

先輩がお母さんを亡くされたとき、私にこんな話をしてくれました。

「実は、母に聞きそこなったことがある。東京に在学中、夏冬の休みに帰郷した折、いつも駅のホームに母が迎えに来ていたんだ。まったく連絡もできなかったのになぜ分かったのか、今でも不思議だよ」と。

当時の交通事情では、東京から地方に行く電車は1日のうち2本ほどだったそうです。乗車券さえも簡単には手に入れられない不便な時代でした。

そのため、帰郷するときにも成り行き任せになるのは、仕方がなかったとのことでした。

それが列車が到着していつもホームにお母さんがいらっしゃったと言うのです。

「あれ？　お母さん、どうして分かったの？」と先輩が聞いても、お母さんは「なんとなくね」とだけ答え、駅から実家までの道のりを連れ立って歩きながらも、なぜなのか分からなかったそうです。

先輩がこの話をされていたとき、そばにいた先輩のお兄さんがポツリとおっしゃいました。

「お母さんはな、お前の休暇が始まるころには、列車の到着時刻になると、毎日、駅まで行って待っていたんだよ」と。

○○駅
○○駅
キキキィー…
久々の帰郷だな…
おかえり
母さん?!
連絡しなかったのになんで僕が今日帰ってくるのが分かったの?
ニコニコ
ふふふ なんとなくね
不思議だなぁ…
実は…お母さんは――
息子の休暇のころになると――
列車到着時刻に毎日駅まで行って待っていたのです

chapter 3

優しい子になる「親和」のしつけ

自信を伸ばしてあげれば
親和性が身につく

子どもも1、2歳になると、公園などで遊び始め、そこで友達ができます。集団性や社会性を必要とする人間関係の始まりです。

親和力とは、まわりの人と仲良く調和していくための力のことを言います。「親和」のしつけでは、この力を伸ばしていきます。このときお母さん自身の親和力が強ければ、比較的優しくしつけられるものです。

しつけの方法は日常での接触対話、「ブリーディング（breeding）」が基本になります。

ブリーディングとは、たとえば、子どもを保育園や幼稚園へ送っていったとき、「大好きな○○ちゃん、いってらっしゃい」とお母さんがその子を抱きしめる行為などを言います。こういったことは日常で良く見かける行為ですが、このときお母さんの親和力が子どもに伝わって、「親和」のしつけとなっているのです。

人と人とのかかわり合いや、人と物（環境）との触れ合い方を優しく調和させていき、子どもにそれを快感として感じさせていきます。心に経験を与えることが、親和性のしつけなのです。

お母さんの親和力を伝えていく、と言うと「私には親和力があるのかな」と不安になられるかもしれませんが、心配はいりません。

親和力は自信から生まれてくるものなのです。お母さんの自信不足はそのまま、子どもの自信不足になります。

子育ての中で自信の源になることは「甘えの受け方」「しつけの伝え方」です。

ここまで「子育てしつけ」について読まれているので、しつけの仕方のベースになっているものが何か、もうお分かりになられているかもしれないですね。

そうです。皮膚から愛情を伝える「体感子育て」です。このことを知っているお母さんは、自信をなくす必要などまったくもってありません。

安心して子どもに愛情を注いでいるだけで、子育ては十分なのです。

相談には、「あふれるほど愛情を注いでも、この子はしつけをまったく聞かないのが悩みです」とおっしゃるお母さんもいます。聞くと大抵、愛情のすれ違いが起こっています。確かに、そのままでは伝わるものも、伝わりません。子どもの心の袋にエネルギーが足りていないからです。

「感性」「性格」「情緒」のどのエネルギーが不足しているのか、もう一度見つめなおしてあげることで、子どもはすぐに愛情を受け取り始めます。

うああああああん
よしよし
ハナちゃん
どうしたの？
やだー
行きたく
ないよー
あああああ
静かにしなさい！
僕のより大きい
おなじ
一緒に
寝ていい…？
どーしたのー
お兄ちゃんでしょ、
ひとりで寝なさい
お母さん
僕のこと
キライなの…？
え!?
なに言っているの!!
大好きよー
ごめんねー
一緒に寝よう!!
愛しているわ～
ぎゅ

甘えと反抗の心の動きを見つめましょう

あなたもこんな経験をしたことがありますか？

休日にデパートに行くと、あれよあれよと言う間に、子どもとはぐれてしまいました。青くなって探していると、店内放送。大音量で「迷子のお知らせ」の店内放送。ほっとして案内所まで行くと、さんざん泣いたらしく、涙で顔をくしゃくしゃにして座っています。見知らぬ大人たちに囲まれ、あれこれ質問されて怯え、不安で寂しい思いをしたのでしょう。

さて、そのあとこの子は、お母さん

の顔を見た瞬間「ママがいなくて寂しかったよ～」と泣いてすがりつくかと言えば、大抵はそんなことありません。

それどころか、顔を真っ赤にしながらお母さんをにらんで、「バカ、バカ！」とお母さんを叩き出したりします。

そのとき、お母さんは「よくも叩いたな！」と怒って叩き返したりしませんね。これは甘えの違った表現と分かっていますから、お母さんは叩かれっぱなしで「ごめんね、ごめんね」と言って抱きしめます。これでしばらくすると、子どもはケロッとして笑い出し、もとに戻ります。

しつけの間違いの多くは、このように甘えが違った形で表れたときに起こりがちです。迷子の例ほど顕著に、甘えの姿が変わった反抗だと分かれば良いのですが、日常の中にこのようなことは多々見え隠れするのです。

デパートにて
やだ…
アミったら
どこ行っちゃったの…
迷子のお知らせです
お花のポシェットを持った――
アミだわ!!
迷子おあずかり所
アミー
バターン
わーん
バカバカバカー
ごめん
ごめん
ポカポカ
ポカ
ごめんね
アミ
ぎゅー
しばらくすると…
ほっ
ケロッ

情緒が不安定になると、しばしばこのような反抗行為で甘えを訴えることがあるものです。この「反抗行為の甘え」には、叩き返したりしてはいけません。それはしつけるどころか、子どもの心をねじ曲げる育て方になってしまいます。

反抗行為の甘えを、わがままや、素直さがないと思い込み、強圧的にしつけようとするのは、かえって反対の結果の反抗心を潜在させてしまうきっかけになります。

甘えの不足は心の袋を大きくすることで、情緒の安定をはかってあげましょう。甘えが充実されれば情緒は安定して、表現方法も素直になります。

ママ…

Q

公園に行っても
お友達と遊びません。
何が原因でしょうか？

子どもの社会生活は、初めはお母さんやお父さん、また兄弟姉妹といった家族関係から始まります。つぎに友達や知り合いと広がっていきます。

このとき、「親和」のしつけが必要になってきます。

子育て相談にはよく、「うちの子は、友達作りがヘタで困ります」とおっしゃるお母さんがいます。先日もこのような相談がありました。

Q 1歳5カ月の女の子ですが、先日公園デビューをしました。近くの児童公園の砂場に連れていきました。他に同じ年の子どもも2、3人遊んでいたのですが、娘は怖がり、私にすがりついて離れません。何

が原因でしょうか？

この子の人見知りの原因は、甘えの不足と、親による悪い干渉のしすぎでした。子どもは甘えが不足し始めると、自信を失います。自信喪失が人づき合いを恐れる最大の原因です。

抱きしめや添い寝で、甘えの感情を満たしてあげると自信を取り戻します。悪い干渉は、良い放任の大切さを意識するだけで解決します。

誰でも初めて会った相手と、信頼感を持っていきなり仲良くはできないものです。それを無理やり「あの子と砂場で遊びなさい」と言っても、難しいでしょう。良い放任とは、見守ることです。

しばらくすれば公園の雰囲気にも慣れ、毎日公園で会う子とお互いに顔を覚えます。そのうち、「○○して遊ぼう！」とどちらかが言い出します。それを待ちましょう。

公園よ さー、遊んでおいで
いや…グスン…
え？どうしたの？
様子を見たほうがいいかな
グスン
グスン グスン
今日は帰ろっか…
数日後…再び公園に…
今日はどうかしら…？
トコトコトコ
あそぼー！
30分後…
キャッキャッ
よかった
ホッ

Q

幼稚園でお友達と
よくケンカをします。
ワガママな性格なのでしょうか？

あるお母さんから、つぎのような相談をいただきました。

Q 2歳半の男児を育てています。友達づき合いが下手なのか、すぐケンカになって泣きわめきます。おもちゃを独占して、誰にも貸そうとしません。ワガママで欲張りの性格みたいです。ケンカで友達が離れてしまうのが心配です。

これは、幼児期にはよくある話なので、干渉しすぎずに見守る勇気を持つことが大切です。あまりここで干渉してしまうと、親和力の中でも、他人とのトラブルを自分で解決する力を養うことができなくなってしまいます。

幼児は基本的にみんな我を通すものです。それなのに、お母さんが自分の子どもを「ワガママで欲張りの性格」と決めつけてしまうと、本当にそうなってしまいます。

ケンカ中の子どもを無理やり仲直りさせようとしたり、ケンカ相手の子と遊ばせないようにしたりせずに、少し待ってみましょう。翌日にはケロッと仲良しになったりするものです。

子どもが他人からどう見られるのかを気にしてしまうお母さんは、自身も人づき合いによるストレスを感じやすいタイプが多いようです。お母さんが自信をなくしてしまっているのですね。

親和力は、まずお母さんの自信をつけることから、と前に述べましたが、大人の場合はしつけではありませんから、どんな考え方で自信を取り戻しても良いのです。

人には必ずそれぞれ違った面があります。別に良いか悪いかではなく、その変わったところでも良いのです。髪型が変わっているでも良いですし、肌がピカピカしていて健康的でも良いです。自分自身の違う面を発見して、自分に惚れることから始めましょう。

これは「自己愛」つまり、「ナルシシズム（Narcissism）」のすすめです。

うぬぼれは悪いことだ、なんて風潮に

コウちゃんママ
私の方がステキかも…
よりも……
ユリちゃんママ
トモカちゃんママ
うぬぼれも自信につながります

惑わされなくてもいいのです。それでお母さんが自信喪失や自己嫌悪に追い込まれてしまうことのほうが問題視されるべきです。自分を愛することができなくては、子どもをどんなに愛していても、その愛はなかなか上手には伝わらないでしょう。

お母さんは堂々と自分自身を愛してください。子どもを愛するのと同じように愛してください。親和力の大きさは、この自己愛に正比例すると思いましょう。

お母さんが自信を持つと、子どもへの愛情も上手に伝わっていきます。

子どもはお母さんに愛されていることで自信を持ちますので、友達づき合いも自然とこなしていくようになるのです。

愛されているのを実感できている子ほど、他人にも優しくなれます。

あなたの愛情が、友達に優しくできる心の大きな子どもを育てるのです。

物への思い入れが優しい子にする

自分自身を支えてくれる人々や物への愛着、信頼感が、子どもの行為として現れるように育てる。それが「親和」のしつけです。

人への思いやりを育てることは分かるが、物と言うと良く分からないというお母さんもいらっしゃいます。

「物にも愛情は分かるのよ」と子どもに伝えてほしいのです。これも「親和」のしつけのひとつだからです。

時折、子どもが壊れたオモチャの切れ端や汚れた人形など、大人から見れば大した価値もないようなものを、宝物とし

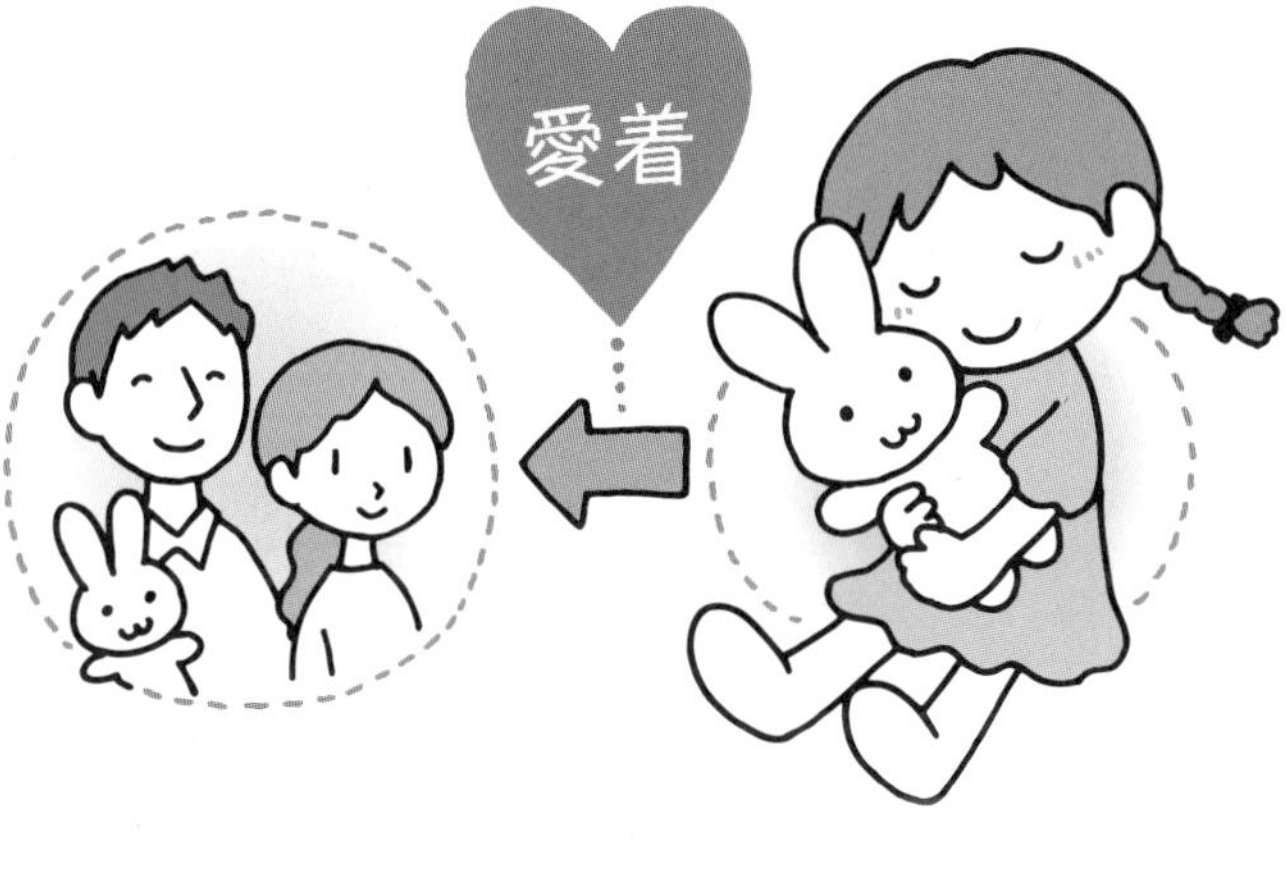

て大事に隠してあることがあります。これは素晴らしい成長です。子どもの心の奥にある深い思いに気づいてあげましょう。

子どもが物にこだわるときには、実は物そのものではなく、物がかかわった思い出にこだわっているのです。愛着心は心の寄りどころとなるものにつくのです。

「親和」のしつけで必要なのは、「靴をきれいにそろえなさい」とか、「洗濯物をたたみなさい」などの、整理整頓の学習ではないのです。

その物とのかかわりが、子どもの心の中に、どれほど快い思い出として残されていくかです。

「心に残る思い」こそ、親和のしつけのキーワードということになります。

ん？何かしら…この箱…
ウィイイイイイン
石…ばっかり
コロロ…
もう、何これ…
ただいまー
おかえり
この石、マモルのなの？
うん、ユウジ君にもらったの
僕、引越しちゃうからマモル君に僕の大切な宝物あげるね
僕と一緒に拾った石…キレイなのだけ僕にくれたの
ユウジ君…元気かな…
そ、そうだったの…
そうとは知らず…ゴメンね…
うる

chapter

4

ダダっ子に大切な「体調」のしつけ

子育ては「引き合う力」から
成り立っています

子どもの「体調」のしつけ、つまり体を整えるしつけとは、子ども自身の「命の整え方」を伝えることです。もともとはそれは、自然が伝えてきたことでした。

はるか38億年前、生命が地球上に誕生しました。そのころの原始の月は今の2分の1の距離（当時16万キロ、現在は38万キロ）にあって、大きな引力で地球を揺りかごのように揺さぶっていました。吸引のリズムから命は生まれたのです。

実験により、無重力では卵も孵《かえ》らないことが分かっています。引力がなければ命は育たなかったのです。

「体調」のしつけでは、命をすくすくと育てることが目的ですから、この自然のルールをもとに子どもを育てましょう。

お母さんは適切な「引力のリズム」という振動を使って自然な「子育てしつけ」をしていくのが大切です。

「私に引力があるのかしら？」と疑問に思われるかもしれませんが、大丈夫です。すべての物質に引力があります。人間にも引きつける力があるのです。

たとえば、歩き始めた赤ちゃんが、伝い歩きからやっと独り立ちをしました。見守っていたお母さんは喜んで、「○○ちゃんが立ったわ！　ここまでおいで」と手を差しのべますね。赤ちゃんは一歩一歩ゆっくりお母さんに近づきます。これは愛の引力のしつけです。

子どものことが好きで強い愛情を持つお母さんは、引力も強いです。

赤ちゃんのやる気の強弱に合わせて、お母さん引力の強弱のコントロールをしましょう。それが「体調」のしつけの、初めの一歩です。

親子の信頼感が深まる
ジョイント・モーション

お母さんと子どもには引き合う力が働いているとお話ししました。

それを遊びや日常生活の中に動きとして取り入れていくと、子どもとの信頼関係はぐっと深まります。

その動きのことを「ジョイント・モーション」と言います。

フィギュアスケートのペア競技やクラシックバレエなど、適度な力の引き合い方で、呼吸を合わせる動きと同じです。強い信頼感がないと、これらの競技や演技は成り立ちません。

子育てで取り入れる場合は、遊びの中に取り入れるのが良いでしょう。お母さんが背中側から子どもの脇の下を抱き上げます。そのままクルクル回ると、子どもの足が浮いて、キャッキャと喜びます。

子育てのジョイントモーション
キャッ キャッ
ぐるぐる〜
それっ
よいしょー！
ひこうき ブーン

また、お父さんとお母さんの間に子どもが入り、３人で手をつなぎます。そして、左右から「いち、にの、さーん」で子どもを上に引っ張る遊び。これもジョイント・モーションと言えるでしょう。

こういった遊びは子どもが好きで、よくおねだりされているかと思います。なぜ子どもが喜ぶのか。それは「スリルがあるから」だけではありません。ジョイント・モーションを含んだ遊びには、「少し怖いけれどお母さんとお父さんは絶対に支えていてくれる」、というお母さんやお父さんとの信頼関係を確認する効果があるのです。

体感から得るお互いへの信頼感は、言葉よりもずっと相手に伝わり、後々にも心の奥底に残りやすいものです。お母さんに守られている、自分は大切な存在なんだ、と子どもは安心することができるのです。

その安心感が、子どもの勇気と自信を育んでいきます。

ぜひ、遊びの中にジョイント・モーションを取り入れていきましょう。

Q

お風呂や着替えを嫌がるのをなおすにはどうしたら良いのでしょうか？

以前、あるお母さんからこのようなご相談がありました。

Q「二人っ子で3歳になる息子のことですが、どういうわけか赤ちゃんのときから風呂嫌いなんです。また、汚れた下着を替えようとすると、嫌だ嫌だと逃げ回るのです。押さえつけて着替えさせるのに苦労します」

お風呂嫌いは、熱すぎるお湯に我慢して浸かったという思い出によるものが一番多いようです。大人が入るよりも、2、3度ぬるめくらいがちょうど良いでしょう。

服の着替えなどを嫌がる子も多いですが、その場合は下着の生地の種類を統一させてあげると、意外と簡単に解決します。

「体調」のしつけは乳幼児期から、顔を洗い、歯をみがき、トイレの始末といろいろありますが、子どもは誰でも進んではしないものな

のです。それは、習慣の変更が伴うので心の袋にあるエネルギーを消耗してしまうからです。

お風呂も着替えも、「体調」のしつけのポイントは同じです。そのポイントは子どもの敏感な感覚を見つめてあげることです。

子どもの肌は鋭敏ですから、お母さんとの肌の触れ合いという快感が残りやすいのと同じように、不快な刺激も残りやすいのです。

子どもがイヤイヤばかり言うと、お母さんは言い聞かせることに気持ちが集中しがちになります。しかし、それでは思い通りに子ども動かすことが目的となり、過干渉を引き起こしてしまうのです。

過干渉された子どもは、やる気を育むチャンスを逃してしまいます。結果としてすべてを嫌がるという悪循環に陥るのです。

習慣の変化に対する子どもの反応を、叱ったり怒鳴ったりしてもあまり効果はないでしょう。それよりも、「お母さん、○○ちゃんと一緒にお風呂で遊びたいな」と、子どもが嫌がることに楽しみを見つけ出せるようにすると、習慣の変化に応じる力を身につけてくれます。

子ども自身に身づくろい＝グルーミングの楽しさと快適さを納得させることが「体調」のしつけのポイントです。

オムツ離れをなかなかしなければ、紙オムツから布オムツに替えてみてください。すると、不快さが残るので、すぐおまるやトイレでする気持ち良さを覚えてくれます。理解・納得してくれるのです。これがグルーミングです。

しかし、どんな「体調」のしつけでも、心の袋に愛のエネルギーが足りていない状態では、子どもの心に響きません。

心のガソリンタンクをお母さんの愛のエネルギーで満タンにしてあげましょう。子どもの甘えの気持ちに応えて、まず十分な愛情をそそぐことが大切です。

うちの子、なかなかオムツが取れないな…どうしたらトイレでしてくれるようになるんだろう…？
はい オムツかえよー
わっ
タップタプだわ!!
ずん
紙オムツはサラサラ快適だからなぁ
う〜む…
少し面倒だけど布オムツに替えてみるか！
びしょ
気持ち悪そうにしてるよしよし
トイレに行こうか？
WC
うん
コクン
ちっち出るかな？
じゃあ、したくなったら「ちっち」って言ってね！
うん
しばらくすると…
ママ…ちっち…
もじもじ
やった

Q

息子のやる気が見られません。
甘やかしたせいでしょうか？

Q「4歳の男の子ですが自発性がなく、着替え、お弁当の包みなど日常のことも人の手助けがないとできないようです。人の指図を待つより、自分で考えて行動する自主性を持ってほしいと思うのですが、甘やかしたせいでしょうか？」

こういった場合は、お母さんが甘やかしたことが原因ではありません。子どもを立派に育てようとするあまり、少し干渉が過ぎた場合がほとんどです。

子育ては1、2歳くらいから家事でも

何でも子どもに手助けを頼む習慣をつけます。

お手伝いをしてくれたときに、「まあ、ありがとう。ママ助かったわ」とギューッと抱きしめて、感謝します。

これで子どもの心に「僕（私）でもママの役に立つことができるんだ」と自信とやる気が生まれるのです。

過干渉での甘やかしと、甘えを満たすことの違いに気づいてください。

しかし、前にも述べましたように、どんなしつけでも子どもは心のエネルギーを消耗してしまうので、お母さんの甘えさせとセットにしてあげてくださいね。

「体調」のしつけと一緒に行ってほしい甘えさせは、お母さんによる「まあるい動き」です。

まあるい動きとは、たとえば幼児が部屋の片づけをしてくれました。「お利口だね。ありがとう」と言ってお母さんは子どもの頭をゆっくり手で撫で回して上げます。自然ですね。これがまあるい動きです。

お風呂で体を洗ってあげているとき、セッケン泡のついた柔らかいタオルをまあるい動きで動かしてあげましょう。「きれいにしましょ、かわいいね」と話しかけながらなでるように洗ってあげると、子どもはとても気持ち良くなり、安心もします。そうしてあげると、徐々にお風呂嫌いもなおります。

お母さんのまあるい動きをグルーミング（身づくろい）に混ぜながら伝えてあげましょう。その体感は大きくなっても消えることのない記憶となって、体の状態を自分で意識していくようになるのです。

私たち人間は、そうやって体を気にかけてあげることが元気な体を保てる一番のコツになります。「体調」のしつけで、健康な体を作くれるようになるのです。

Q

2歳ごろから
言うことを聞かなくなりました。
私を叩いたりします。
何が原因ですか？

Q 3歳になる女の子です。性格的に乱暴で生意気で、2歳のころから私の言うことをまったく聞かなくなりました。自分が遊んだあとや、食べたあとの片づけもしません。注意すると反抗して私を叩くのです。父親が厳しく言うとそのときだけ聞きますが、あとで私に泣きわめきます。どうしたらいいのでしょうか?

子どもがなぜそんな行動に出るのか分からない、というお母さんからの相談が近年増えてきました。「子どもの心が見えない、宇宙人のようだ」というお母さんもいらっしゃいました。

中・高校生ならそういうこともあるかもしれませんが、小学生や幼児まで心が分からなくなってしまうのは、少し寂しいですね。

「体調」のしつけでは、まず子どもの心の状態を知りましょう。お母さんが知ろうと気にかけてあげないままでいると、異常なしぐさに心は映し出されてきます。

先ほどの相談の娘さんは、お母さんに対する乱暴といった行動に出ていました。性格が荒れると、異常な行動に出てくるのです。

この「動きとしぐさ」の見方が大事です。少し注目してあげるだけで、子どもの心は見えてきます。

左ページに、心の作られ方とあり方、動作の分類をまとめてみました。

動きとしぐさ	心の状態	なぜ、そうなったの？	どうしたらいい？
じっとしない	自信を失っている	失敗の経験を責められたり、残念がられたりしたこと…etc.	小さな成功体験からで良いので、ほめてあげると自信を取り戻していく
頭をかきむしる/壁に頭を打ちつける	甘えの欲求不満	離乳が早かった，弟・妹が生まれて、お母さんの愛情を失った気分になっている…etc.	お母さんと子ども、二人きりで添い寝をしたり、お風呂に一緒に入って皮膚の接触を増やしてあげる
他人に乱暴	孤独を感じている	家事を優先にして、泣かしっぱなしにしたり、自分の話をお母さんが聞いてくれなかったことの記憶から…etc.	いつでもくっついて、愛情を肌で伝えていく。頬ずりやキスなどが効果的
人を無視する	意地をはっている	過干渉により、自信を喪失してしまっている，「お兄(姉)ちゃんでしょ」と言われ、兄弟間でのお母さんの愛情の偏りを感じている…etc.	しばらく下の赤ちゃんはお父さんと寝てもらい、上の子優先で愛情を与える，出かけたとき、手をつないだり、「○○ちゃんが一番」と言葉で伝える
指しゃぶり	心の袋のエネルギー不足	離乳時、お母さんの愛情を失ったという潜在記憶が残っている…etc.	無理に指しゃぶりを止めさせたりせずに、添い寝をしてあげる。おっぱいを触りたがったら触らせて、吸いたがったら口に含ませてあげるだけで愛情を感じて安心する

前ページの表にあるような、特徴的な動きですと子どもの心の状態も分かりやすいでしょう。

たとえ、表にない動きをしていたとしても、お母さんは焦ることはありません。

「子どもの心が分からない」とあきらめがちになってしまうのではなく、きちんと向き合ってあげましょう。

すると、どんな動きにしても、心の不安定にしても、お母さんの愛情をきちんと肌で伝えてあげれば、すべて解決できるということが分かってきます。

お母さんも子育てをして、子どもと一緒に成長していけば良いだけです。

子育てを「大変だ」「つらい」「分からない」と悩み過ぎてしまうことなく、楽しみながら子どもを見つめていってほしいと思います。

楽しいという気持ちが、一番大切な「子育てしつけ」につながっていくのです。

エピローグ

子どもと一緒に成長し、子育てを楽しみましょう！

「子育てしつけ」は、心（情調）、社会性（親和）、そして体（体調）のバランスを整えてあげることがもっとも大切なポイントです。

どれかひとつが欠けてしまっても、子どもは素直に成長できなくなってしまいます。

先日、発達障害のあるお子さんを持つお母さんのお話を伺いました。そのときに、子どもの発達について改めて考えたのです。

発達はその子にあった成長を意味します。〝専門家〟を名乗る人々が決めた発達の定義や、教育現場の小さな枠組みの中に自分の子どもを合わせるのではなく、お母さんにしか分からない、その子に合った素晴らしい成長過程を見つけていくのが子育てなのではないでしょうか。

子どものしぐさや成長過程に見られる傾向というのは、心（情調）、社会性

（親和）、そして体（体調）のバランスの変化から起こっていることがほとんどです。
たとえば、社会性が欠けてしまえば、人を避けるようになりますし、こちらが伝えようとする言葉をうまく受け取ることが苦手になります。そのまま大きくなると、登校拒否などの行動で寂しさや甘え不足のシグナルを発するようになります。そういった子どもが発するシグナルに「甘えさせ」という心で応えていくと、子どもは情調と親和と体調のバランスを取り戻していくのです。

私がいつもお伝えしていることは、「がんばり過ぎず、子育てをもっと楽しみましょう！」ということです。

子育てに不安や心配はつきものですが、それがお母さんの心のすべてに覆いかぶさると、同様に子どもの心も不安と心配に支配されてしまいます。子どもは自分の不安がどこから来るものなのかを知りません。でも、お母さんにしぐさというサインで教えてくれます。

お母さんと子どもの心はいつでも同調しています。お母さんが子育てを楽しんでいる心を感じて、子どもは素直に成長していくのです。

イヤイヤや癇癪《かんしゃく》は、子どもが健康的に成長している証です。お腹の中にいる胎児を守り、陣痛に耐え無事に子どもを産んで、その子なりのペースで元気に大きくなっている。そんな風にちゃんと子育てできているあなたは、立派なお母さんです。最高の母親ではないでしょうか。私はそう思うのです。

今回は、しつけをテーマに本を執筆させていただきました。実はこの本は、過去に出版させていただいた『しつけのルール――3つのコツで楽しく子育て』に、マンガを入れてリニューアル版として出させていただきました。マンガが入ったことで改めて、子育てとは奥が深いが良いものだな、と感じる内容に仕上がったと思います。またこれは、編集担当の有園智美さんの、お母さんや子どもたちへの熱き思いが結集されたからだと感謝しております。

子どもがどのように「子育てしつけ」を受け入れてくれるのか、マンガを使ってとても分かりやすくご紹介できました。お母さんと子どもの温かい日常を描いていただきた、イラストレーターのハセチャコ先生に、心よりお礼を申し上げたいと思います。

2009年6月吉日

信　千秋

著者紹介

信　千秋（しん・せんしゅう）

横浜市出身。

1960年より母子教育のテキスト企画と編集に従事する中で、1975年、続発しはじめた母子関係のトラブルの解決にと、相談電話、子育て一一〇番を開設。以来約30年間、アドバイザーとして3万7500人の親たちの心の子育ての悩み相談に応えてきた。

助言は、母子教育書を編集する過程で多くの医学者や教育学者、哲学者、自然科学者の方々との交流で学んだものと、さらに自然科学の生物生理学の応用によるユニークな独自の子育て論を系統立てた周産期教育理論で裏付けされたものである。

この周産期教育理論よりマーメイド胎教セミナーを21年前に開講。その主任講師として指導中。

現在までの受講者は5000余名となっている。

新しい心の子育ての教育論の三原則、心育、音育、動育は、具体的な母子相互関係構築の子育て法として、各マスコミでもたびたび報道されている。

◆周産期教育研究会主宰
◆子育てサポート指導者研修会講師
◆マーメイド胎教セミナー主任講師
◆成人学級テキスト企画研究室室長
◆親子療育相談心育コンサルタント
◆情緒障害一一〇番主任カウンセラー

子育てを楽しくする情報

●周産期教育研究会
（心の子育てや胎教の研究を行っています）
●マーメイド胎教セミナー
（周産期教育と近代胎教の講習会、妊娠前も歓迎）
●親と子の心の療育相談室
（心の子育ての相談と指導を行っています）

（お問い合わせ）
信千秋事務所
TEL：072（245）2222

マンガでよく分かる！
ダダっ子しつけ 3つのコツ

2009年8月4日　初版発行

著　者　信　千秋
発行者　野村直克
発行所　総合法令出版株式会社
〒107-0052
東京都港区赤坂1-9-15　日本自転車会館2号館7階
電話　03-3584-9821
振替　00140-0-69059

印刷・製本　中央精版印刷株式会社

ISBN978-4-86280-166-1
落丁・乱丁本はお取替えいたします。
総合法令出版ホームページ　http://www.horei.com/